LE SAINT-SIÈGE

LA FRANCE ET LA CHINE

APRÈS LA SUSPENSION

PAR UN PRÊTRE FRANÇAIS

PARIS

LETOUZEY & ANÉ, EDITEURS

17, RUE DU VIEUX-COLOMBIER, 17.

1887

LE SAINT-SIÈGE

LA FRANCE ET LA CHINE

LE SAINT-SIÈGE

LA FRANCE ET LA CHINE

APRÈS LA SUSPENSION

PAR UN PRÈTRE FRANÇAIS

PARIS

LETOUZEY & ANÉ, EDITEURS

17, RUE DU VIEUX-COLOMBIER, 17.

1887

Cet écrit est né de mon patriotisme et de ma foi. Venu à Rome pour faire un pèlerinage aux tombeaux des Apôtres, j'ai voulu en même temps me renseigner sur les phases successives des négociations entre la France et le Saint-Siège, au sujet de l'établissement d'une représentation pontificale à Pékin. Cette question, qui nous a tous passionnés, a droit à une étude minutieuse et sincère.

J'ai désiré voir de mes yeux si vraiment, comme on nous l'assurait, nous, catholiques, nous avions à choisir entre nos convictions religieuses et notre amour de la patrie, entre notre affection pour Rome et notre tendresse pour la France. Il m'a semblé, de plus, que ce procès diplomatique n'était pas clos et qu'il pouvait se rouvrir dans un avenir plus ou moins éloigné, au détriment ou à l'avantage de nos intérêts.

J'ai donc pris des renseignements ; j'ai étudié. A Rome, où la bienveillance et l'amabilité sont des vertus traditionnelles, il ne m'a pas été trop difficile de compléter les indications des journaux par de patientes recherches et des entretiens avec les personnages politiques.

J'ai vérifié, j'ai écouté. Peu à peu, en suivant le cours

des négociations, en serrant de plus près le problème si complexe de la politique coloniale et de l'œuvre des missions, l'horizon s'est élargi devant mon regard et j'ai dû aller au fond des choses.

Les lignes suivantes sont le fruit de cette étude. En face de la gravité du sujet, j'ai senti le besoin d'adresser cet avertissement à la France catholique et gouvernementale.

De cette enquête personnelle, se dégagera, je l'espère, l'impression vivante que non seulement notre chère patrie a le droit d'être fière de Léon XIII, mais que nous avons encore une faute à réparer, une revanche à prendre : la revanche de la froide raison sur l'excès d'une susceptibilité respectable, je l'admets, mais dangereuse et exagérée.

LE SAINT-SIÈGE

LA FRANCE ET LA CHINE

APRÈS LA SUSPENSION

CHAPITRE Iᵉʳ

COUP-D'OEIL HISTORIQUE SUR LES NÉGOCIATIONS.

Pour donner au débat plus d'ampleur et de précision, je vais essayer, en me servant de mes notes, de retracer les lignes générales de l'histoire des négociations entre la France et le Vatican.

Les articles et les renseignements de l'*Osservatore romano,* du *Moniteur de Rome,* du *Journal des Débats,* de l'*Univers,* de la *Défense* et du *Monde,* les informations verbales que j'ai pu puiser à des sources diverses et en contrôler l'exactitude par leur concordance absolue, me guideront dans ce travail rétrospectif.

Les négociations s'ouvrent avec l'année 1886, au mois de janvier. Accrédité par le gouvernement chinois auprès du Vatican, un catholique anglais, M. Dunn, remit au Saint-Père et au cardinal Jacobini deux lettres du vice-roi *Li* qui manifestait l'intention d'établir des rapports stables et directs entre Rome et Pékin. Selon les habitudes du Saint-Siège, Léon XIII fit immédiatement commencer les travaux. Ç'a été un examen minutieux et complet, une de ces enquêtes intellectuelles et politiques comme on n'en voit dans aucun ministère du monde : l'étude préparatoire des bureaux, le dépouillement consciencieux des dossiers des vicariats apostoliques, les rapports (en style de bureaucratie romaine, cela s'appelle des *ponenze*) des secrétaires aux congrégations réunies des Affaires ecclésiastiques extraordinaires et de la Propagande ; la discussion libre et approfondie des cardinaux qui offrent un ensemble de sagesse et d'expérience que Rome seule peut-être possède encore ; les comptes rendus des secrétaires au Pape ; le travail synthétique de la Secrétairie d'État ; et, par-dessus tout, le contrôle personnel de Léon XIII, avec sa circonspection compréhensive, sa prudente lenteur, qui fait le tour des choses, qui ne laisse rien à l'imprévu et au hasard, qui réunit tous les éléments nécessaires pour trouver cette forme définitive d'une solution où se concilient et s'équilibrent tous les intérêts.

On raconte que cette affaire a beaucoup ému le monde romain.

Les propositions pleuvaient. Qui opinait pour la réserve, parce qu'il ne fallait pas sacrifier la France à la Chine; qui demandait une solution immédiate, sans entrer en négociation formelle avec le gouvernement français; qui faisait prévoir une combinaison intermédiaire de nature à contenter les uns et les autres. On assure que, dans la réunion extraordinaire de mars, presque tous les cardinaux des deux congrégations se prononcèrent en faveur de l'envoi d'un représentant à Pékin, sans toutefois s'accorder sur la forme de cette ambassade pontificale. On le voit, si le *Journal des Débats* avait pu se rendre compte de cette étude, il n'aurait pas commis la maladresse d'engager le Saint-Père « à réfléchir avant de se lier ».

Or, la première pensée du Pape, sa préoccupation permanente du début à la fin du procès, ç'a été le sentiment d'égards pour la France, le ferme désir non d'aller à Pékin sans elle, mais de s'entendre avec son gouvernement pour asseoir sur des bases plus solides l'influence religieuse et française dans l'Extrême-Orient.

Il aurait pu ne pas nous consulter, car son droit était absolu.

Il aurait pu aussi se borner à nous communiquer sa sentence finale, car la représentation pontificale ne touchait pas le traité de *Tien Tsin* et le Saint-Siège n'était lié par aucun contrat antérieur.

Il aurait pu, de plus, laisser nos protestations sans réponse et passer outre, car elles manquaient de force péremptoire et trahissaient trop le désir d'empêcher coûte que coûte tout arrangement.

Il aurait pu, enfin, tout en discutant les considérations contradictoires de nos ministres, maintenir son droit et son devoir immédiats de couronner hiérarchiquement l'organisation ecclésiastique en Chine, sans se laisser intimider par des menaces.

Il n'a rien fait de tout cela. Loyale et prévenante, sa conduite n'a jamais varié. Après la première période d'incubation et d'examen, le Saint-Siège s'empressa de communiquer au gouvernement de Paris la demande de la Chine. Dans ses notes successives au nonce et à notre ambassadeur, M. Lefèbvre de Béhaine, dans ses déclarations verbales, deux pensées maîtresses ont constamment dominé les vues du Vatican : ne poser aucun acte hostile à la France et établir l'action convergente des deux protecteurs, le protecteur matériel et le protecteur religieux, vers l'accroissement de l'influence à la fois française et catholique.

Le gouvernement de Paris s'opposa, dès la première heure, à l'envoi d'un nonce : il proposa, au contraire, une *Délégation apostolique* sur le modèle de celle de Constantinople. C'était, au fond, une fin de non-recevoir aux ouvertures du Saint-Siège. La Chine n'aurait pas accepté, en effet, cette issue dérisoire, par la simple raison qu'elle désirait une représentation diplomatique réelle avec une double ambassade. Le Vatican exprimait cette impossibilité et indiquait (1) en même temps le mécanisme du double protectorat, dans le but de répondre aux objections mises en avant par les journaux au sujet des conflits et des tiraillements qui auraient pu surgir de la nouvelle institution. Acculé dans ses derniers retranchements par l'ensemble des réflexions du Saint-Siège, notre ministre des affaires étrangères finit par avouer que le gouvernement français ne saurait accepter la solution du Pape, parce qu'elle serait considérée comme un acte hostile à la France.

De raisons, on n'en avait plus. Mais on avait des menaces.

Il paraît qu'à Rome, où la correction des procédés est tenue en particulière estime, le ton des dernières dépêches de Paris a causé la plus pénible impression. Les articles du *Temps*, du *Journal des Débats* et des journaux républicains qui donnaient au procès de fausses proportions, les menaces de rupture, les accusations passionnées et injustes, et, comme couronnement de cette attitude peu sereine, la déclaration de M. de Freycinet menaçant de la suppression de l'ambassade française et indirectement du budget des cultes : toute cette campagne retentissante est restée comme un mauvais souvenir dans les esprits (2).

Cependant les négociations se poursuivaient. Pour donner à la France un témoignage irrécusable de sa déférence et de ses vrais sentiments, le Pape alla jusqu'à accepter le 31 août la combinaison intermédiaire proposée par notre ministre des

---

(1) V. l'article de l'*Osservatore Romano* du 5 août 1881.

(2) Je ne parlerai pas ici de l'affaire du Pé-tang qui ne regarde pas directement le Saint-Siège et qui doit être arrangée de concert entre les Lazaristes, le ministre de France et le gouvernement de Pékin.

affaires étrangères : à savoir l'envoi (1) d'un *Légat extraordinaire* chargé d'étudier de concert avec le ministre français à Pékin les conditions de l'établissement et de l'organisation de l'Ambassade future.

Tout semblait terminé à la satisfaction commune. Au dernier moment, le Saint-Siège accepta même avec gracieuseté de modifier, sur les désirs de l'ambassadeur de France, la rédaction définitive de l'accord (2).

Quel ne fut donc pas l'étonnement général, quand, tout étant conclu, on osa poser des conditions plus dures, disons le mot, humiliantes ? On sait, en effet, que cette combinaison de la dernière heure, si elle avait été subie par la cour de Rome, aurait placé la représentation pontificale à Pékin dans un état d'infériorité notoire, même vis-à-vis de la *délégation apostolique*, à Constantinople.

N'était-ce pas trop ? Le désir de ne rien faire et de ne rien laisser faire n'était-il pas non seulement insinué mais exprimé ?

C'est alors que, mû par le sentiment de sa dignité et la préoccupation de ne pas faire retomber sur l'Eglise de France les suites d'une tension quelconque, Léon XIII suspendit le débat par la note suivante adressée à notre ambassadeur : « Vu l'ensemble des circonstances actuelles et après de récentes communications, le Saint-Père a jugé dans sa sagesse, sans préjudice des droits du Saint-Siège, de suspendre le départ de son représentant en Chine (3). »

Voilà, en quelques mots, la trame historique des négociations. On le voit, la décision provisoire du Pape est, à la fois, fière et respectueuse ; elle ne préjuge en rien l'avenir, elle ne compromet pas les droits ni ne lèse la dignité du Saint-Siège, et elle sauvegarde parfaitement les intérêts de notre Eglise de

(1) La *Défense*, le *Journal des Débats*.
(2) *Times*.
(3) V. la dépêche du *Monde*.

France. Aller avec nous en Chine, dans les conditions exposées plus haut, c'était humiliant ; s'y rendre sans nous, c'était, vu l'état des esprits, provoquer des représailles dans notre pays. Léon XIII a préféré attendre. « Le Saint-Père n'a pas voulu laisser humilier, dit fort bien le *Monde* (1), le chef de l'Eglise catholique dans la personne de son envoyé. Rompre avec la France, il ne le voulait pas davantage. Voilà exactement dans quelles conditions, avec une admirable sagesse où se manifeste aussi son énergie, il a donné l'ordre d'interrompre les négociations. Dans l'incident momentanément clos, la conduite du gouvernement français, qui a profondément affligé Léon XIII, ne saurait avoir l'approbation des esprits de bonne foi. Celle de Léon XIII, marquée au coin de la plus sage fermeté et d'une constante bienveillance pour la France catholique, est de nature à redoubler encore notre admiration et notre gratitude envers l'illustre pontife. »

(1) V. l'article du 18 septembre.

CHAPITRE II.

La légère esquisse qu'on vient de lire suffit pour juger la conduite de Léon XIII. Aucun esprit non prévenu ne saurait méconnaître que, pendant tout le cours des négociations, elle ne se soit inspirée de deux motifs supérieurs, le zèle pour la propagation de la foi et le respect le plus délicat des droits et des traditions de la France.

Supposer au Pape d'autres mobiles, prétendre qu'il a voulu se venger sur le gouvernement, du *Kulturkampf à l'intérieur*, en ruinant notre protectorat ; puis, qu'il a obéi à des suggestions inavouables, ou à des mots d'ordre secrets des ennemis de notre pays, ce serait là la plus grossière erreur et une impardonnable injustice.

L'attitude de Léon XIII était tracée par la nature des choses. L'ouverture des négociations au sujet de l'établissement d'une ambassade pontificale à Pékin, était la suite logique des événements de l'année dernière. On le sait, en effet, en face des persécutions qui ont été, en Chine, le contre-coup sanglant de la guerre au Tonkin, Léon XIII a, dans une lettre personnelle, invoqué la protection directe de l'Empereur. Celui-ci a gracieusement promis son appui. Quelques mois se passent. Bientôt le gouvernement chinois propose au Vatican des rapports directs et officiels. C'était une réponse pratique à la lettre du Pape. Repousser à *priori* cette avance, c'eût été non seulement un manque de correction diplomatique, c'était exposer les chrétiens aux dangers des représailles.

Cette nouvelle forme de l'expansion religieuse venait d'ailleurs servir les vues générales du Pape sur l'apostolat de l'Eglise.

Qui a suivi le gouvernement de Léon XIII dans ses manifestations multiples, ne peut ignorer que les missions y jouent un rôle prépondérant. Dans le déplacement de civilisation (1) qui s'opère dans cette course des puissances vers l'Orient et les possessions lointaines, Léon XIII a reconnu le souffle de Dieu et la migration des âmes vers d'autres rivages ; il y a vu le véhicule où il sera plus facile de transporter le règne du Christ sur les plages païennes. Politique coloniale et expansion de l'apostolat chrétien sont presque synonymes. La loi de la solidarité les inspire et les domine. De nos jours, nos écrivains républicains et nos hommes politiques le déclarent hautement : M. Gambetta, M. Jules Ferry, M. Gabriel Charmes (2), M. E. Marbeau (3), même un radical, M. Lanessan, dans son livre récent sur l'*Expansion coloniale de la France.*

Le Pape a saisi la portée merveilleuse de ce mouvement. De là, sa ténacité extraordinaire à élargir le rayon de l'activité apostolique.

Dans ses Encycliques aux évêques allemands et aux évêques portugais, il a signalé la connexion intime qui unit ces deux grandes choses : la colonisation et les missions.

Il a organisé la hiérarchie à Carthage et à Tunis ; il a honoré de la pourpre un humble apôtre, le Père Massaïa, il a donné à l'Amérique et à l'Australie deux cardinaux ; il a envoyé un délégué apostolique aux Indes anglaises et gratifié cette vaste terre du bénéfice d'une organisation ecclésiastique indépen-

---

(1) Sous l'Empire, le premier de nos publicistes, M. Prévost Paradol, signalait déjà cette transformation du monde dans son beau livre : *La politique de la France.*

(2) *Voyage en Palestine* et *Politique extérieure et politique coloniale.*

(3) Gambetta et l'Eminence grise, *Revue française.*

dante. Il s'adresse aux jésuites et aux ordres religieux pour multiplier les apôtres.

De concert avec Léon XIII et le cardinal Massaïa, on construit à Rome une maison internationale de missionnaires, et, dans une circulaire confidentielle aux provinces du monde entier, le général des capucins engage ses religieux à se vouer à la conversion des âmes.

Le Pape médite, assure-t-on, la même concentration, à Rome, des forces des autres Ordres religieux, pour inonder l'Orient et l'Afrique de ces avant-gardes de l'Europe politique, en préparant à l'Église un avenir fécond et glorieux sur ces terres étrangères où, d'après les voyageurs et les spécialistes, la transformation du monde prendra son point de départ.

Renan croit (1) que l'Europe a la mission de conquérir le monde ; il pense aussi (2) que, dans cette œuvre civilisatrice, la Papauté et l'apostolat occupent une place privilégiée. Le christianisme a suivi les légions, il les a quelquefois précédées : la Papauté resterait-elle à la hauteur de son rôle providentiel, si elle ne se servait de cette occurrence historique ?

Léon XIII pouvait-il ne pas saisir avec empressement l'occasion de couronner son œuvre religieuse par l'établissement d'un centre hiérarchique à Pékin ?

Il le pouvait d'autant moins que l'avenir de la Chine s'annonce avec une grandeur indiscutable.

Qui connaît l'Orient assigne à l'Empire du Milieu la première place dans le jeu des forces commerciales et industrielles de demain. C'est la conviction de tous les voyageurs et de tous les écrivains.

Dans son livre : *A travers l'Empire britannique*, que le *Temps*, les *Débats*, le *Français*, la *République française* ont signalé,

---

(1) *Mélanges.*
(2) *Avenir religieux des sociétés modernes.*

M. de Hübner, un ancien diplomate d'une finesse d'esprit remarquable, a fixé ces observations dans cette formule stéréotypée : *on a cru ouvrir la Chine au monde, on a ouvert le monde à la Chine.* Ce peuple agricole et commercial, au génie laborieux, à la patience tenace et indomptable, à l'esprit fin et perspicace, ce peuple qui envoie ses meilleurs citoyens en Europe pour copier nos institutions et étudier notre vie, ce peuple qui construit des navires, qui va faire des chemins de fer, qui commence déjà à envahir l'Amérique et l'Europe de ses produits : ce peuple paraît venir au devant de l'Europe avec l'auréole et la prédestination d'un conquérant.

« Personne (1) ne pénètre les secrets de la Providence, dit cet auteur, qui nous fait l'honneur d'écrire ses ouvrages dans notre langue, mais, ce que nous ne pouvons nous empêcher de voir, ce sont deux immenses réservoirs qui débordent. Deux fleuves s'en détachent : le *fleuve blanc* et le *fleuve jaune* ; l'un, fécondant les terrains qu'il parcourt des germes de la civilisation chrétienne, l'autre menaçant de les détruire. Déjà sur plusieurs points, ils se rencontrent, se heurtent, se combattent. Sur d'autres points, le conflit s'annonce. Quelle en sera l'issue finale ? C'est le vingtième siècle qui l'inscrira dans ses annales. »

Eh bien, en face de cette lutte colossale qui va s'ouvrir, l'Église ne peut rester indifférente. Quelle bonne fortune pour elle, de voir le souverain absolu de ce pays mystérieux venir proposer à notre Pontife son amitié, avec l'organisation de nos ressources religieuses, dans un but intéressé, sans doute, mais aussi avec l'intention de prêter à la Papauté une force d'attraction et de rayonnement plus haute et plus puissante !

C'eût été de la folie de ne pas accepter ce concours inespéré, et l'histoire aurait eu le droit d'être sévère pour la mémoire de Léon XIII.

(1) Voir le chapitre : *les Chinois.*

Aussi bien, le Pape a voulu élargir, par cette initiative, le règne du christianisme. Comme l'ont déclaré l'*Osservatore Romano* et le *Moniteur de Rome*, ce que Léon XIII avait exclusivement en vue, c'était d'entrer dans ce mouvement général, c'était de préparer et d'amortir le choc de deux civilisations par l'organisation hiérarchiquement vigoureuse des missions en Chine; c'était la propagation du catholicisme, le jeu libre et équilibré de cette chrétienté, l'augmentation des vicariats apostoliques, l'épanouissement graduel et continu de la vie apostolique sous toutes les formes et dans toutes les directions.

Tel était le rôle que Léon XIII assignait à son légat. Rien ne lésait ni les intérêts ni les droits de la France.

Cette initiative paraissait d'autant plus commandée par le zèle des âmes, que, depuis l'affaire du Tonkin, les persécutions renaissaient sanglantes et nombreuses. Chaque jour nous apporte des nouvelles alarmantes. Ces violences semblent s'éterniser, comme une maladie chronique. Sans doute, je ne vais pas accuser la France gouvernementale d'être responsable de ce sang répandu, mais on ne saurait nier que cette recrudescence d'hostilités ne soit comme le contre-coup des dernières rivalités entre la France et la Chine.

Il y a là la conséquence fatale d'une situation politique. Derrière le catholique et le missionnaire, on voit le Français. On bat celui-là pour frapper celui-ci. Ne serait-ce pas délivrer les missions de ce danger, non en affaiblissant l'influence de la France, mais en établissant à côté du protectorat matériel un protectorat pacifique plus élevé, le protectorat de la religion et de l'apostolat des âmes? Ne serait-ce pas au moins atténuer la gravité du péril? Ne donnerait-on pas satisfaction à tous ceux qui voient dans la solidarité trop exclusive du Français et du missionnaire quel qu'il soit le rejaillissement nécessaire des haines politiques et le va-et-vient de fâcheuses responsabilités?

Aucune conscience de prêtre ne saurait rester indifférente à ces considérations. Le demander à celle du Pape témoignerait de peu de délicatesse de sentiments et de procédés.

Quelle que soit du reste la bonne intention du gouvernement protecteur, le refoulement de la persécution offre toujours de grosses difficultés. D'après les comptes rendus des voyageurs et les rapports des missionnaires, les pouvoirs locaux n'obéissent qu'à contre-cœur aux ordres du pouvoir central. Il paraît que c'est là un mal endémique. Les mandarins et les gouverneurs de province sont des maîtres absolus qui règnent à la manière de satrapes. Que ce soit là un résultat de la constitution administrative de l'Empire Céleste, ou un raffinement de roublardise chinoise, la cruauté de la situation n'en est pas moins lamentable. Il me semble que, le jour où la solidarité entre l'empereur et le légat du Pape éclaterait à tous les yeux, cette haine orientale du nom chrétien serait amortie et atteinte dans ses sources. Quand cette représentation pontificale fera partie des mœurs politiques, que missionnaire ne sera plus synonyme d'agent politique étranger, n'est-il pas permis d'espérer que la persécution perdra de son acuité chronique? Toujours vaudrait-il la peine d'essayer ce remède, et je crois que cette transformation religieuse et hiérarchique amènerait peu à peu une révolution dans les mœurs et les habitudes locales.

Les dangers que courent nos possessions chrétiennes dans l'Extrême-Orient commencent à s'aggraver, à la suite du dualisme déplorable qui se manifeste dans notre politique intérieure et notre politique coloniale. Au dedans, on attaque la religion, on la protège au dehors. Cette contradiction nous met dans une situation fausse et nous enlève beaucoup de notre autorité. Dans mes entretiens avec les prélats de la Propagande, j'ai pu constater combien cette conduite incohérente de nos ministres fait de mal aux missionnaires. Un religieux me disait : « Ce jeu à double fond ne nuit pas seulement aux missionnaires français, mais aux missionnaires de toutes les nationalités. Comment voulez-vous que les païens respectent la religion et s'essayent à la pratique de nos mœurs, s'ils voient cette trop regrettable comédie ? »

Rien de plus vrai. Je comprends que le Pape cherche à atténuer ce mal. Personne assurément ne pourrait lui en faire reproche, même si le fonctionnement d'une ambassade pontificale devait diminuer ou annuler progressivement l'efficacité politique de notre protectorat. Il est évident qu'une autorité religieuse, s'exerçant à côté d'une autorité purement matérielle, rayonnerait d'un prestige plus vif et aurait une prise plus immédiate sur les âmes.

Est-ce peut-être pour cette raison que le nombre des chrétiens va en diminuant là-bas? Un religieux m'a dit : « Au commencement de ce siècle, la Chine renfermait à peu près deux millions de catholiques ; maintenant il y en a 700.000, d'autres disent 500.000. »

Or, ce péril ira croissant avec la permanence du régime antireligieux chez nous. Ici, un fait nouveau mérite d'être signalé.

La France républicaine ne s'inspire plus, en protégeant les missionnaires, des traditions glorieuses de Louis XIV et de nos ancêtres. On ne sert pas les apôtres de la foi, on veut exclusivement s'en servir. Cette distinction est d'une importance capitale. « Depuis que M. Gambetta a disparu de la scène, dit M. Marbeau (1), l'esprit de sectarisme a repris son empire, et le gouvernement s'est préoccupé de détruire sur bien des points la notion traditionnelle, qui créait une solidarité absolue entre l'œuvre du missionnaire catholique et l'influence française. » — « Nous nous servirons des missionnaires, mais nous ne les servirons pas », tel a été le mot d'ordre

____

(1) Les Missions catholiques et la franc-maçonnerie. *Revue française de l'étranger et des colonies*, octobre 1886.

de la franc-maçonnerie, formulé par M. Paul Bert partant
pour le Tonkin. Cette nomination, comme celle de M. Constans
pour représenter la France en Chine, accuse bien la ferme réso-
lution de nos gouvernants de laïciser à outrance les pays de
missions. Il était facile de prévoir qu'une pareille politique
détruisant la tradition qui justifiait le protectorat catholique de
la France, le Vatican s'apprêterait de son côté à organiser pour
les missions un protectorat offrant des garanties sérieuses et
durables. C'est là qu'il faut chercher la cause réelle des longs
démêlés entre Paris, Rome et Pékin, qui ont passionné la
presse pendant ces temps et qui ont failli ruiner la situation
privilégiée dont nous jouissions dans l'Extrême-Orient. »

Je suis heureux de me rencontrer sur ce point avec un de
mes compatriotes très au courant des affaires coloniales. C'est
en même temps la justification par un Français des inspirations
supérieures du Saint-Siège.

Cette évolution dans l'attitude de la France officielle ne
laisse pas que d'avoir des conséquences déplorables pour l'avenir
de nos œuvres. Grâce à cela, les consuls évitent ce que l'on
appelle les tiraillements ; ils ont plus ou moins le mot d'ordre
de ne pas s'immiscer dans les querelles des *moines* avec le gouvernement de Pékin ; on dépense encore de l'argent, mais on se
met à fuir les responsabilités politiques. Ces perspectives sont-
elles de nature à calmer les inquiétudes de Rome ? La Propagande n'a-t-elle pas le droit de se préoccuper de cet état de
choses ? Et le Pape n'a-t-il pas mille fois raison de neutraliser
ces forces destructrices par une organisation plus religieuse et
plus effective du protectorat le plus sublime du monde ?

En songeant au présent, le Saint-Siège ne saurait oublier
l'avenir. Grâce à la compénétration de l'Orient et de l'Occident,
la Chine sera sous peu à l'Europe ce que l'Amérique a été il y a
quelques années : elle deviendra l'Amérique de l'Orient. Ce
parallèle impose des devoirs, parce qu'il renferme des ensei-

gnemenls. Nous avons vu l'Église prendre une efflorescence superbe depuis le jour où l'Amérique a ouvert ses mines de richesses aux Européens. L'émigration a débordé; « les saignées successives de l'Europe », selon la terminologie de M. de Hübner, ont non seulement mis ce pays à la tête du mouvement commercial, mais elles ont encore fourni la sève de ce catholicisme jeune et vivant, fort et souple, qui s'étend comme une influence bienfaisante sur cette terre rajeunie.

L'Amérique de l'Orient aura les mêmes destinées. C'est pourquoi il importe de préparer les conditions de cet avenir et de multiplier les cadres, où cette émigration future viendra jeter son flot envahissant, quand la Chine sera ouverte plus largement aux Européens. La concentration des ressources catholiques dans un pouvoir central constituerait certes la meilleure garantie d'une activité plus intense et plus féconde.

Je ne saurais terminer cette revue trop rapide sans signaler le mouvement des missions musulmanes, surtout à notre point de vue français, car ce courant se répand de préférence le long de nos colonies, depuis le Maroc, la Tunisie, l'Algérie et la Palestine jusqu'aux confins de l'Extrême-Orient.

Des écrivains de tous les pays s'effrayent de cette recrudescence d'un apostolat fanatique, dirigé plus encore contre l'Europe politique que contre les missions chrétiennes (1). D'après ces observateurs désintéressés, il y a un danger permanent dans cette nouvelle orientation religieuse du mahométisme. Dans une série d'articles sur l'*Avenir de la puissance anglaise* (2), M. Cucheval-Clarigny a mis le doigt sur cette plaie. Il constate que la coïncidence du réveil de ce fanatisme et de l'esprit d'autonomie en Afrique et en Orient est le premier

____

(1) *Revue littéraire et politique*, Paris 1885. — *L'Avenir religieux des Sociétés modernes*, par Renan.

(2) *Revue des deux mondes*, juin et juillet 1885.

avant-coureur de la revanche des colonies sur les mères-patries.

Je n'insiste pas sur ce fait trop connu. Il n'est pas nécessaire non plus de démontrer quelle barrière vigoureuse les missions catholiques, une fois mieux organisées, pourraient opposer à cette invasion frénétique. Toute croissance, toute consolidation de l'apostolat chrétien doit être saluée comme une digue à ce torrent irrité. Une réorganisation des missions ne serait-elle pas une garantie sûre et efficace de cette sauvegarde ?

Dans ce coup-d'œil rétrospectif, j'ai à peine pu effleurer les côtés les plus visibles et les plus importants de ce grave débat. Plus on le creuse, plus on s'étonne que la France républicaine ait pu un instant se faire illusion ou faire illusion sur les mobiles et les raisons de la politique pontificale.

Répondre aux avances de la Chine ; couronner le régime des missions par une œuvre de réorganisation opportune à la fois et nécessaire ; donner une assiette plus solide et une surface plus large au fonctionnement de la vie apostolique ; multiplier les vicariats, selon les besoins croissants de notre époque de transition ; empêcher le retour des persécutions, ou au moins en affaiblir la violence, ou en diminuer le nombre ; briser indirectement la tyrannie des pouvoirs locaux dans les provinces qui n'obéissent guère aux ordres du pouvoir central ; neutratraliser les conséquences du dualisme entre la politique religieuse intérieure et la politique coloniale du pouvoir républicain ; préparer, enfin, les missions catholiques de l'Extrême-Orient à pouvoir organiser prochainement sur une plus vaste échelle le flot de l'émigration européenne, le jour où la Chine sera envahie à l'exemple de l'Amérique actuelle : voilà autant de motifs qui devaient guider et ont guidé de fait le gouvernement suprême de la société catholique.

Tout chrétien, tout homme d'État s'inclinerait devant cet ensemble de considérations, même si le Saint-Siège avait voulu aller en Chine *sans* la France ou *contre* la France. Mais, ce n'est là qu'une hypothèse. Dans toutes les manifestations du Pape, dans ses notes au gouvernement de Paris et de Pékin, dans les articles autorisés des journaux de Rome, le Vatican n'a cessé de déclarer qu'on irait en Chine *avec* la France; que celle-ci garderait sa suprématie politique et matérielle; qu'au Légat échoirait la sauvegarde des intérêts religieux, et au ministre de Paris le protectorat pratique des missionnaires; que non seulement le prestige effectif de notre pays ne serait pas éclipsé, mais qu'il serait au contraire augmenté et consolidé à jamais par cette initiative providentielle.

Je comprends dès lors la profondeur de la blessure que nos officieux ont faite au cœur du Pape; je comprends la plainte délicate qu'il a exhalée, dit-on, devant un prélat de son entourage : « C'est la plus grande douleur de mon pontificat. »

CHAPITRE III.

Je me hâte de le dire, notre gouvernement n'a pas été à la hauteur de nos traditions religieuses et françaises. Il a intimidé, il n'a pas persuadé ; il a esquivé toute solution, quand nos intérêts commandaient une entente sérieuse et sincère avec Rome, pour replacer notre influence séculaire sur des bases plus solides et plus durables.

De concessions en concessions, lorsque le Saint-Siège était allé jusqu'aux extrêmes limites de la condescendance, en acceptant d'envoyer un Légat extraordinaire dans le but d'étudier avec le ministre français les conditions de la représentation pontificale, M. de Freycinet a mis, à la dernière heure, des réserves tellement explicites pour l'avenir, qu'aucun doute n'était plus possible sur ses intentions : empêcher à tout prix un changement dans l'état actuel des missions. Je crains qu'en agissant ainsi le gouvernement n'ait de fait sacrifié notre influence à des froissements d'amour-propre et à des considérations de vanité personnelle. Il a lâché la proie pour l'ombre.

Le Saint-Siège n'a-t-il pas en réalité mieux compris les intérêts français que nos gouvernants ?

Il me sera permis de fixer les lignes générales de cette démonstration.

Tout d'abord aller avec le Saint-Siège en Chine, c'était ajouter un nouveau fleuron à notre couronne séculaire, c'était s'associer généreusement à cette réorganisation religieuse à la fois et politique. L'union et l'entente étaient d'autant plus facile-

que Rome se gardait de toucher à nos prérogatives traditionnelles. Le temporel au ministre de France, le spirituel au nonce,
voilà la démarcation qui aurait réglé cette espèce de sacerdoce
et d'empire dans les colonies. On eût vu ces deux forces s'exercer librement dans deux sphères distinctes et converger vers le
même but : l'extension de l'influence catholique et française.
C'était l'affermissement de notre protectorat, ce n'en était ni la
diminution ni la ruine.

En sera-t-il de même après l'ajournement des négociations ?
Se berce-t-on vraiment de l'espoir que le *statu quo* se maintien-
dra, parce que l'on a exploité les sentiments d'égards de la
Papauté pour la France ? Le croire, ce serait de l'aveuglement.
Qui ne le sait, en effet ? Une question nettement posée est géné-
ralement une question résolue. M. de Maistre disait dans le
même sens : « Toute autorité humaine qui est discutée est une
autorité finie. »

La Chine ne se courbera pas devant les faits accomplis. Ce
qu'elle n'a pu atteindre avec le Saint-Siège uni à la France, elle
s'efforcera de l'obtenir par d'autres moyens. Elle n'a pas eu une
solution conciliatrice, elle tendra vers une solution radicale.
Elle aurait respecté l'alliance des missions avec le protectorat
surmonté d'un représentant pontifical, elle ne tolérera plus à
l'avenir le protectorat isolé et amoindri par cette enquête diplomatique. Déjà le *Times* annonce que la Chine veut à tout prix
se débarrasser de cette gêne de l'influence française (1). Cette

(1) Le *Times* a en même temps publié ces jours-ci un article très étendu sur les
vues du gouvernement de Pékin. D'après le journal de la Cité, la Chine se propose de donner suite à son projet sans s'inquiéter de la réserve du Saint-Père. En
considération des motifs du Pape, elle n'insisterait pas sur l'envoi d'un nonce à
Pékin, mais elle offrirait au Saint-Siège de recevoir à Rome un représentant de la
Chine, qui sera chargé des relations du Céleste-Empire avec le Vatican pour le
règlement des intérêts religieux des missions. La Chine s'adresserait en même
temps aux différentes puissances pour mettre sous leur protection les missionnaires
catholiques de leur nationalité.

dépêche n'est-elle pas l'expression d'une pensée définitivement arrêtée?

Quant aux puissances, elles jalouseront plus efficacement que jamais la situation de la France dans les colonies. Le plus solide, je dirai l'unique argument de nos diplomates, a été de signaler le sentiment de satisfaction avec lequel l'opinion publique en Europe a accueilli l'ouverture des débats qui nous occupent. Cependant on a trop agité cet épouvantail ; on n'a pas vu qu'après les premières négociations, quand le Saint-Siège avait clairement manifesté son désir de s'accorder avec la France, cette joie a baissé ; on n'a pas assez remarqué le fait que, l'ajournement des négociations une fois connu, aucun journal important n'a attaqué la réserve discrète du Saint-Père. Pourquoi cette attitude? N'est-ce pas parce que l'on sentait que (1) cette suspension était préférable à une alliance scellée d'un ciment indestructible par l'établissement d'une ambassade pontificale? La brèche une fois faite moralement dans ce protectorat, les puissances ne chercheront-elles pas à pénétrer jusqu'au cœur de la place?

Déjà l'Italie a donné l'ordre à ses consuls de prendre ses missionnaires sous sa protection immédiate ; l'Espagne le fera demain ; la Belgique suivra, et les autres gouvernements s'empresseront d'entrer dans ce sillage. Il est avéré que, depuis quelques années, les consuls font des offres séduisantes aux religieux de leur nationalité, au nom même du pouvoir central. Ces offres se répéteront. En face de la transformation qui s'opère dans les Colonies, grâce au déplacement des influences et au

______

(1) *Rassegna nazionale.* Au moment où j'écris ces lignes, un ami de Rome m'adresse la livraison du 16 octobre de la *Revue florentine*, contenant un article de M. Corniani sur les *Missions catholiques et les Italiens en Chine* : après avoir annoncé en *post-scriptum* l'ajournement des négociations entre la France et le Saint-Siège, l'auteur semble parfaitement saisir les désavantages qui résulteront pour nous de cette suspension, car il termine par ces mots très curieux : « A nous Italiens de tirer profit de ces circonstances. »

mouvement ascensionnel qui porte tous les pays à envahir, à la suite de la France, les contrées lointaines, le protectorat subira fatalement le contre-coup de cette invasion coloniale. N'aurait-on pas désarmé devant l'union renouvelée de la France et de la Papauté? Celle-ci n'aurait-elle pas soutenu celle-là? Ne fallait-il pas saisir l'occasion unique d'asseoir sur cette base plus large notre influence traditionnelle?

Ne l'oublions pas, d'ailleurs, ce qui a fait la garantie de notre prépondérance jusqu'ici, c'est que la France avait presque exclusivement le monopole des missions catholiques. Elle a partagé, dans une proportion inégale, ce lot glorieux avec les autres races latines. Mais cette ère finit : de tous côtés, les missionnaires catholiques surgissent comme un essaim nouveau. La Belgique a fondé un séminaire africain. L'Allemagne a créé à Steyl, sur les confins de la Hollande, une maison de missionnaires; elle poursuit cette œuvre à Reichembach en Bavière, et à Munster en Westphalie. Près de Vienne, un institut s'organise en ce moment. Les races germaniques et slaves entrent partout dans ce courant. *L'internationalisation* des missions, si je puis me servir de ce terme barbare, s'accomplit à vue d'œil. Cette universalité aurait pu consolider notre prestige séculaire, si l'on avait tendu la main au Pape. Les religieux soumis à la Propagande, cette sorte de ministère des colonies de l'Eglise, se seraient inclinés devant l'œuvre de Rome.

Que feront-ils, quand les puissances leur ouvriront par leurs offres des perspectives plus rassurantes sur la fécondité de leur apostolat? Appuyé contre le granit de l'alliance avec le Saint-Siège, notre protectorat aurait pu tenter l'épreuve de cette transformation. Le pourra-t-il, isolé, amoindri, exploité par un gouvernement antireligieux? Pourquoi nos diplomates n'apprécient-ils pas à leur juste valeur les réclamations et les plaintes dont les religieux des autres pays saisissent périodiquement la Propagande?

Cette situation est plus périlleuse qu'on ne se l'imagine en France, où nous aimons à nous reposer sur le passé et le présent, sans s'adapter au renouvellement des choses qui se poursuit autour de nous. Le protectorat consolidé à Pékin, nous étions sûrs qu'on le respecterait aussi en Palestine, le long de la Méditerranée, où nous avons des intérêts plus élevés et plus vivaces. Mais, s'il vient par notre faute à se disloquer en Chine, ce changement n'aura-t-il pas son contre-coup sur d'autres plages ?

La *République française* a convenu que la France devait, en renonçant à notre influence dans l'Extrême-Orient, concentrer ses forces sur le nord et l'est de l'Afrique. Elle a raison en un sens, mais elle a tort de croire qu'exposé aux dangers en Chine, après la faute de M. de Freycinet, notre protectorat ne le sera pas ailleurs. Lisez les avertissements de nos hommes de métier (1), parcourez les publications des écrivains étrangers. Ce qui y éclate, c'est l'ardeur qu'on met à remplacer l'influence religieuse de la France par l'action nationale. En Italie, le *Rassegna nazionale* (2) a publié sur ce point des articles curieux. A Rome même, la *Rassegna* s'était fait une spécialité dans ce genre. Les catholiques allemands viennent de fonder des revues spéciales en vue de l'extension de leur influence en Palestine. Depuis l'impulsion vigoureuse que M. de Bismarck a imprimée à sa politique coloniale, les écrivains protestants, M. de Geffken, M. Fabri, M. de Weber, M. Frey (3), ont mis

(1) L'Italie et le Levant. Notes d'un marin, *Revue des deux mondes*, 15 septembre 1883.

(2) Les intérêts religieux et italiens en Syrie, 1884.

(3) Je ne signale que les auteurs les plus en vue. D'après des notes qu'un ami m'envoie d'Allemagne, la *littérature des missions* est très riche de l'autre côté du Rhin. M. de Bülow, M. Nachtigall et M. Woermann, ces trois colonisateurs protestants de renom, ont d'ailleurs publiquement rendu hommage à la fécondité de l'apostolat catholique au point de vue colonial

en saillie la corrélation intime, la solidarité nécessaire qui relie la colonisation à la question religieuse. Dans les congrès tenus ces derniers mois, les pasteurs ont insisté sur l'utilité des missions. Je n'ai pas besoin de signaler l'action du moine russe en Arménie, en Syrie, en Palestine, dans l'Abyssinie.

Eh bien, ce mouvement aboutira contre nous, si nous nous enfonçons dans nos fautes. Les radicaux ont peut-être le droit de fermer les yeux sur ce danger, mais la France gouvernementale, la France catholique, la France qui a fondé l'œuvre incomparable des Écoles d'Orient et de la Propagation de la foi, la France qui fait les missionnaires, la France qui crée et alimente le budget des missions, doit s'inquiéter et elle s'inquiétera, quand elle verra les conséquences de la conduite de nos gouvernants. Elle s'apercevra un jour que Rome a voulu sauver son protectorat par une innovation heureusement opportune.

Voilà, en effet, la réalité vraie et tangible. Au lieu de regarder en face les éventualités du lendemain, le gouvernement a préféré les lauriers trop faciles du présent.

Que devient, devant cette lumière, l'objection banale que la création d'une ambassade pontificale à Pékin serait regardée en Europe, non comme une diminution de notre influence, — car elle n'existe pas, — mais comme un froissement de notre amour-propre national ? On a convenu, à Rome, que la France ne subirait, en dehors de cet accroc passager, ou plutôt de cette opinion factice, aucune perte politique directe. On raconte qu'un de nos diplomates a répondu à son interlocuteur : « Eh oui, j'en conviens, nous ne perdons rien de notre influence, mais les ennemis de la France pourront dire que nous avons été battus. »

Si, peut-être, un ministre d'un jour a pu préférer cette satisfaction personnelle à la sauvegarde collective et féconde de nos intérêts permanents, la France ne sera pas si facile à contenter. Il n'est pas vrai, comme on nous l'a fait croire, que Rome nous était hostile ; il n'est pas vrai que les puissances excitaient la Papauté ; il n'est pas vrai, non plus, que la représentation du Pape aurait nui à notre prestige. Léon XIII nous aurait préservés des dangers de l'avenir ; on ne l'a pas voulu.

Pour ce qui regarde le contre-coup de ce débat sur notre politique religieuse au dedans, nos angoisses patriotiques étaient grandes, il est vrai : mais il ne faut pas oublier que nos journaux républicains n'ont pas exposé l'état de la question dans son ensemble. On irritait les esprits, on les trompait avec l'épouvantail d'une défaite nationale.

Aux républicains, on disait : « Le Pape est contre nous, il faut nous venger. »

Aux catholiques : « Vous avez à choisir entre votre foi et votre patriotisme, entre Rome et la France. »

Après cette campagne étourdissante, quand on avait établi la confusion partout, que la France s'inquiétait dans l'attente d'une crise prochaine, il était facile de menacer le Pape de la suppression de l'ambassade et du budget des cultes. Sans crainte d'échouer, alors qu'on connaissait la délicatesse du Saint-Père, qui ne voulait pas faire courir des dangers évidents à notre Église, mais concilier les intérêts français et religieux : sans crainte d'échouer, dis-je, le gouvernement pouvait exercer une dernière pression sur le Vatican. Mais si, au lieu de cette exploitation passionnée, on avait traité ce procès diplomatique avec le calme et la circonspection qu'il méritait, aurait-on eu à redouter le *contre-coup à l'intérieur* dont on a joué avec une ardeur si regrettable ?

CONCLUSION.

J'ai posé ce débat dans ses vrais termes, en catholique et en patriote.

Le gouvernement a peut-être remporté un succès de vanité devant l'Europe, mais la France a été battue à Rome, à Pékin et dans les missions. C'est une défaite nationale, politiquement et moralement. La France officielle n'a pas voulu aller en Chine *avec* le Saint-Siège : les puissances s'y rendront *sans* la France, et *contre* la France. L'année 1886 ne sera pas consignée avec une pierre blanche, *albo lapillo*, mais avec une pierre noire, dans l'histoire de notre influence au dehors. Malgré son passé et son opportunisme ondoyant, Gambetta n'aurait pas commis cette faute immense.

Ah ! j'aurais rêvé un rôle plus patriotique et plus élevé pour cette noble France qui descend de Charlemagne et de saint Louis, et qui a été jadis le soldat du Christ, le protecteur naturel des apôtres de la Foi.

Au moment où la Papauté voit son autorité suprême invoquée et recherchée sur tous les continents ; où la Providence la convie à la conquête de nouvelles terres et de nouveaux cieux, comme si elle préparait le retour de l'antique *Orbis romanus*, sous une forme plus haute et plus pure ; où la force des choses associe son pouvoir civilisateur à l'œuvre de refonte et de renouvellement de sa hiérarchie en Chine, j'aurais ambitionné la gloire de lier les destinées de la patrie à son immortelle jeunesse et à sa vitalité reverdissante ; j'aurais salué dans ce renouveau de son action apostolique la sauvegarde bénie de notre protectorat, l'agent religieux de notre prestige, la source jaillissante de notre influence dans le monde. Car c'est là ma conclusion : cet événement pouvait devenir le point de départ d'une ère plus féconde dans notre apostolat séculaire. N'en-a-t-on pas fait le principe de notre décadence, le prélude de notre infériorité future sur un terrain où la France jouissait d'une incomparable supériorité ?

Talleyrand disait un jour : « L'Europe fait du présent, la Russie fait de l'avenir. »

M. de Freycinet a, lui aussi, *fait du présent* sans songer à à *l'avenir*. Léon XIII a voulu le faire pour nous. Si, donc, la France gouvernementale désire le maintien de notre prépondérance en Chine et dans les missions, il faut non pas reculer, mais réparer. C'est le cri de mon cœur de prêtre et de Français. Puisse-t-il n'être pas écouté trop tard !

PARIS. — F. LEVÉ, IMPRIMEUR DE L'ARCHEVÊCHÉ, RUE CASSETTE, 17.